ALEXANDRA MAIA

# UM OBJETOS CORTANTE

"De vez em quando Deus me tira a poesia.
Olho pedra, vejo pedra mesmo."
**ADÉLIA PRADO**

"O vazio caminha em seus espaços vivos"
**SOPHIA DE MELLO BREYNER ANDRESEN**

"Porque há desejo em mim, é tudo cintilância."
**HILDA HILST**

1_

**Fazia noite
como se o azul reinasse**

**Só depois veio o escuro**

**UM DRAGÃO**

Um dragão domesticado passeia pela sala

Onde o fogo, o brilho?
Onde a força, a fome, o céu?
E pensar que voo
e lembrar que garras, asas, ímpeto

Preso à coleira
meu dragão morre de tédio e tristeza
como um leão de circo do interior


Domesticar
uma ideia que amedronta

**DEPOIS**

Depois
        muito depois
num mergulho de peito

ela imerge em busca do que a fundou
e ainda naufraga em si

## BIÓPSIA

Grito o pai
Reverbera a queda

Calo-me com palavras inquietas no chão da boca
Escavo nestas palavras a palavra amor
e no oco do verso esculpo esta ausência
por não saber vivê-la

Meu verso
negro como sangue e não menos sonho

Descubro no vazio
a altura do tombo
a morte inata a que não me acostumo
pai e mãe não existem

E por necessidade de correr
aprendi a andar

5_

**Pássaros cruzam o céu**

**No bater das asas
somos chão em movimento**

## CREIO QUE FOI

> *"Creio que foi o sorriso,*
> *o sorriso foi quem abriu a porta..."*
> Eugénio de Andrade

Creio que foi o olhar
foi no olhar que me deitei
Um olhar tão claro
que fazia bem
deitar nele uma vida toda

Naquele olhar
o mundo não entrava
e eu era inteira ausência de mim

Eu me quedava naquele olhar
sabida em não saber
– querer era ter –
coberta pelo lençol das pálpebras
Teus olhos, grama verde

Um olhar
que congelou o tempo
me grudou na estrada
ladrilhou as noites

Navegando em teus olhos
pelos meus olhos verti
as gotas de um oceano
que secara em ti

7_

**Vão-se as paixões
Ficam os poemas a arder**

## O NÃO DITO

O não dito ocupa a casa

Um vaso de culpas decora a estante da sala
Certo desassossego serve de travesseiro na hora insone
em que fantasmas dançam sobre a cama do casal
que não se encosta

Cada um no seu canto
Toda uma vida no meio

**POR UM MOMENTO**

Por um momento, eu podia conquistar o mundo
Por um momento, podia fazer filmes, escrever romances
compor uma música e dançar
Por um momento, podia me tornar paraquedista, médica
salva-vidas, maratonista e professora

Por um momento, podia batalhar por um ideal
defender os indefesos, tocar um instrumento
conquistar dois continentes e um país à minha escolha
Por um momento, podia construir sonhos
um lugar para ser criança novamente

Por um momento, abri a porta e saí
Caminhei pelas ruas sem medo e pude ver beleza onde há beleza
ver tristeza onde há tristeza, ter mãos para fazer e ajudar
Por um momento, a vida foi mais que minha cabeça
mais que um quarto
E conseguir foi só um passo a mais do que ser
Foi simples como esticar os braços
para pegar o comprimido na mesa ao lado
para pegar o que pode ser meu, mas não é

Porque hoje, por um breve momento
foi vida
mas tão logo percebi

A vida foi

## BRANCO E PRETO

O nascer do sol
definha em branco e preto

O comprimido rosa
engolido no café
Sua anestesia não fez efeito
pois
ainda e ainda o vazio
o vazio
a se desdobrar em ondas sobre a cama
Mais que estase. Implosão

Enquanto o sol cruza o quarto
alcança a mesa
incomodando a xícara amortecida
caneta, cinzeiro, a casa desfeita

Louça suja

Cumpro o dia como dá

Inútil fugir
Carrego a noite escondida no ventre
A morte prenha em meu corpo de batalha

**NADA EM CÍRCULOS**

Nada em círculos
na piscina da minha casa
uma baleia branca
Nuas, brincamos na água turva

Uma tia comenta que está na hora
de colocar uma proteção para que ela não
                                                rodopie

13_

Um desejo pode ser um objeto cortante
assim como uma ponte pode mais separar do que unir

Um objeto cortante dividiu minha paz

## NÃO?

Um não cedo demais
pode ser a morte do embrião
do gesto, do amor, da ideia
do acorde enfim

Um não a mais e cedo
pode significar medo
que grita para ganhar de mim
Hoje um sonho quis voar
Vi quando foi puxado da janela
o ar já em seu rosto
asas vibrantes por ganhar vida

Um não cedo demais mata tantas ideias
como uma metralhadora
Não que todas tenham que vingar
Não! Mas um não cedo demais pode matar
o que tanto quero dizer pra você
o que tanto queria fazer, mas não

O não sai silencioso
agarra o impulso pelo rabo
barra a coragem na porta
arrasta o desejo pela contramão

15_

**Não têm fim
os túneis que me atravessam**

**UM POEMA POR DIA**

Um poema por dia
para não perder a mão
Um poema por dia
conquista sim e não

Um poema por dia
faz o corpo acalmar
Um poema por dia
deixa o espírito no ar

Um poema por dia
para meu país que desmorona
Um poema por dia
uma febre que nos leva ao coma

Um poema por dia
para a filha que apanhou na rua
Um poema por dia
pois podia ter sido a sua

Um poema por dia
se os dois lados têm medo
Um poema por dia
quando fácil é apontar o dedo

Um poema por dia
ao amigo que pensa estar certo
Um poema por dia
aos 50 milhões que não quero perto

Um poema por dia
para uma amizade partida
Um poema por dia
se só o tempo cura a ferida

Um poema por dia
nesse Brasil que é nosso
Um poema por dia
pois poema é o que posso

Um poema por dia
é mais que um grito de socorro
Um poema por dia
é mais, e assim não morro

Um poema por dia
na espera de um ou outro verso
Um poema por dia
por um tempo não tão perverso

17_

**Colocar poesia
na ordem do dia**

## MACHU PICCHU

No meio da trilha tinha uma pedra.
Uma pedra com cara de homem
olhos assustados, boca retorcida
Tentei ignorar, ele gritou

Mas como soltar esta alma há tanto entalhada?

E aquilo que de pedra há em mim
que de pedra se tornou
que de um jeito tão duro ficou
gritou também

*pedra é só*
*um pedacinho do caminho*

Talvez esse homem seja um poema
preso em meu peito
ou só um sentimento embotado
a chamar atenção

19_

**Ter lágrimas**

**é a possibilidade
de outra vez germinar**

## UMA FEBRE EM FLOR

Colheste uma flor com febre

Repito
A flor que escolheste tem febre e fome
Fome e febre
que rompem da flor a casca
semente e vício de ser dura

É esperado que a flor se abra
mas o abrir-se liberta uma dor
que dobra a flor que se desdobra
– em teus dedos –
para ser mais que flor

Cuidado
O abrir-se nela é sem fundo

O vazio exposto na flor que tocas
com fome e febre
esconde folhas ao vento
pólen, orvalho
          resquícios

que o abrir-se
o abrir-se incendeia tudo

**ERA TARDE**

O velho homem perde aos poucos sua história
A figura do pai se apaga entre papéis velhos
A mãe o espera
pendurada no retrato na parede do escritório

*A casa era grande*
*Eu corria ao redor da mesa onde sentavam deputados*
*Meu pai era um homem importante*
Sorriu como se encontrasse um velho amigo
e continuou a pastorear memórias
para segurar o fio da vida
Seus olhos tão à deriva

De volta, mãos dadas com a solidão
o homem velho disse
*Alexandra, um dia eu também fui menino*
*e aqui, nesta casa, ninguém lembra disso*

**UTI**

Aperto tua mão passarinho
mão que me carregava no colo
Lembro do José que casou com Magdalena
do homem que era
Vejo o que se perdeu de ser
Ele sem paciência consigo
Os outros sem paciência com ele

José
morre de gestos interrompidos
com amores enfraquecidos no corpo

*Muito prazer*
*É chegada a hora*
talvez a Morte lhe diga

Eu a observo parada na porta
Ela fuma, de longo preto
luvas cirúrgicas e piteira

As cinzas
ela bate sobre nós

## UMA HISTÓRIA

Era uma vez um garfo, uma casa, uma família, um cachorro
dois meninos, uma turma
Era uma vez um caracol e seu ipê amarelo
uma moça bonita que ventava dentro
um rio que secou
uma barragem que estourou
um pássaro que virou lama
um problema insolúvel que fugiu de si
uma esfera que se abateu para não rolar
um título com medo de se perder
duas gotas em busca do mar
Era uma vez um lírio perdido
um ombro que se foi
um amigo que de mãos dadas percorreu cada instante
Era uma vez um ser de asas podadas por escolhas
uma senhora que morreu generosa
um homem que se vestiu de luta
um menino que sorria com os olhos
uma mocinha que não queria crescer
uma mulher talentosa que tinha medo
Era uma vez muitas ideias
um livro violeta com poderes mágicos
uma vez nossa vida, uma vez o caminho trilhado
uma vez aventura
uma vez todo o tempo
Era uma vez o tempo
Uma vez e acabou

**Um poema puxa outro
como um sorriso abre outro sorriso**

**OUTRA HISTÓRIA**

Era uma vez um palácio
uma biblioteca antiga, muitos besouros
esqueletos, fósseis, carruagens do Imperador
Era uma vez Luzia

Era uma vez uma tristeza profunda
dessas que cansam a alma
te mandam pra cama
te torcem por dentro

Era uma vez uma múmia cremada
a morte prematura dos bichos em clorofórmio
uma tristeza feita de cinzas
Borboletas em chamas

Era uma vez o fogo a cuspir o descaso
uma vontade de chorar por meus filhos
um amanhecer em escombros
Era uma vez tanta história que

Como contar que era uma vez?

Um guarda chuva vermelho encharcou-se de poesia
quando guardado por Goeldi em uma folha de papel

**FIM**

Dilatar o tempo em cada toque
No rosto, nas mãos, em um sorriso
No abraço – mergulhar – demorar-se nele
Sem medo segurar pelas linhas da mão
este corpo que o crepúsculo desfia
enquanto há luz para despedida

Guardar como paisagem
teu olhar que cede
pedindo um pouco mais
como se mais um pouco
pudesse ser a um só tempo
um pedaço da eternidade

ainda que tarde, ainda é

Fitar o instante
em que vagarosa a luz se rende
e em silêncio

                        perceber

*para Therezinha Dutra e Vasco Mariz*

**EXÍLIO**

Olhos no lugar
Banido o coração
É preciso enxergar
o horizonte que acaba

Algo então alucina
E a ausência torna-se nascente
por onde escorre até a morte o negro
                                        rio
                                        rubro

## DIFÍCIL SABER

Difícil saber o que
       para um coração

Se soubesse, te diria
Já não sou tua
Já não és meu
Hoje não sei o que é o amar

Esse amar que é amor
mas está de pijama
está cansado nas sextas feiras
está assim sem sal a emoção

Amar esse amor, não sei se sei
porque há amor, mas se virou e dormiu
sem saber que a cama está prestes a ruir

## DAS MIL PALAVRAS

Das mil palavras
que me pedem para ser ditas
mora no silêncio a mais pura delas

O que guardo
contém o amanhecer das cores
o ar sob as asas do pássaro
a pedra no meio do caminho

Quero dizer
Acredito no que não posso ver
que no meio da pedra
há um caminho

Em cada passo
e por toda a estrada
perdura o oculto
o mistério, a contemplação
Vivemos, pois, o que não vemos

Tento decifrar

31_

**Onda   onda        onda
Onda é o chão do amar**

## PRECISO FALAR

Preciso falar sobre um nariz quebrado
*Explique*

O chão estava molhado
escorreguei e caí

*Isso é o que partiu por fora*
*Explique*

Eu estava molhada
escorreguei e caí
um pequeno desvio

De repente, caí
na pele a realidade
um pequeno desvio

Um jeito de lidar com o mundo
que trouxe o chão pra dentro
me abriu por dentro um porão

Só então a atenção
para o que estava na cara
e agora é sangue
a esconder
      um gritar em vão

**QUADRO NEGRO**

No quadro negro do dia
repetidas vezes
passo meu nome a limpo
e por uma vida tranquila
rabisco

apago o que sinto

**Poesia é assim**
**Um irá dizer coitada**
**Outro, fala de mim**

**ESTOU**

Alguém me convida para sair
Não posso. Estou nadando

Deitada no sofá
o sol entra pela janela
Não só peixes cortam a sala
Minha fauna ocupa a casa

Deixo que brinquem para não caducar

## ALGUM FRUTO

Estou em silêncio
como se a natureza
maturasse em meu ser algum fruto

Um silêncio regado no tempo
de perguntas e respostas
que tecem, trançam, desfiam
as linhas em minha palma da mão

Mas só quando me perco do tempo
meu corpo parece o mundo
Ergue-se límpido
pássaro de asas molhadas
                 no azul
Na terra, os dias quedam-se enfermos
por isso o tumulto dos dias

O silêncio é apenas o prenúncio do que está por vir
  a maternidade dos gestos que nos moldam
    a paternidade do que vivo e nem sei

**EM UMA CARTA**

Escreveu o poeta em uma carta
que ser poeta é um longo caminho
longo e repleto de dor farta
E completou, como adivinho
      que ninguém escolhe a dor.

Vivi um tempo esta sentença
sem que nada soubesse dizer
Agora que meu ser se afoga
pergunto se há o que escolher

*para Ivan Junqueira*

**Desejo um poema
como quem nasce**

**ENCONTRARAM-SE**

Encontraram-se demoradamente
beijo olhar palavras pausa

Dois equilibristas sobre o abismo

Muitas vezes atravessaram-se
de um lado ao outro
até deixarem-se estar
em um mesmo ponto
na casa construída dentro da paisagem cordial
sob o céu azul e seus matizes
muito além do vislumbrado

Duas vidas
miudezas partilhadas
no interior no exterior no entre
Estreitamento ligado por

Depois da conquista
transformaram intimidade em oferenda

**IMAGINA**

Imagina
que este momento
é num dia de semana
qualquer

Uma manhã
servida na média habitual
roupa de trabalho
até mais tarde
aquela lista de pendências
carros passando
planos a caminho de

Quando de um segundo para o outro
nada mais há do que talvez
pois o som é outro:
zumbido de armas
balas voadoras
cruzam o céu de Botafogo

**UM RASGO**

Quando eu rasgar meu peito
num movimento involuntário
o que não há nele
me engolirá

E de trás do
vazio derramado
voará um dragão

E de dentro deste vazio aberto a faca
escorrerão lembranças
como lágrimas de granizo
a céu aberto

**SECA**

A mulher seca
quando é toda oferenda

Pedaço estéril, pouca carne
Teta murcha
onde mamam o pai
os filhos, a prima, o cachorro

Ela agrada a todos
a sorrir o que ainda é doce
sangue e escasso

Náusea até a boca

43_

A loucura que invento
me habita
                onde?

**NO MEIO DA FESTA**

No meio da festa
das pessoas certas
a certeza do crepúsculo
pois tudo é véspera
Ilusão

No dia seguinte
de volta ao escritório
à mesa de trabalho, à escrita
                          ao espelho
ao abismo

O ter que ser
à altura de mim
engessa-me os dedos

## POR FAVOR

*Por favor*
*livrem-me do meu desejo*

A que custo
tampono este grito
que transborda em cores diversas
a confundir os sentidos de suas funções
Gula, ansiedade, desamor
Tudo que me impede de respirar

Sei
Comer demais é pura falta contida
vazando por outro lugar
Procuro esta falta
Encontro a primeira morte
O resto é desdobramento

Lá, a boca escancarada implora
qual filhote de passarinho
sozinho no ninho
Bico aberto, corpo que é só boca

E como
      dói

46_

**Meu leito
contém um espaço para facas**

## REVELAÇÃO

Nunca quebrei copos
ou saí gritando nua no meio da rua
A essa loucura exposta
estampada na testa, não me atrevo

Minha crise é particular
com sorriso na boca
a mente em erupção

Meu ser rasgado
não se mostra em público
Aos salões, reservo
a boneca de louça, a leoa, a anciã

Pois que uma outra se revele
Que seja má e feia, estúpida, cruel

Eu sempre a bonitinha, certinha
comportadinha, tadinha

Prefiro ser a putona
a vaca
ter os pensamentos de um monstro
mas originais
e voltar para frente
os meus pés sempre atrás

São tantas as batidas de um coração
– bruscas, incoerentes, máquina oblíqua
          peixe no asfalto –
que o imagino todo amassado

## AINDA ASSIM

E ainda assim caminhamos
aos pares inconclusos e espírito febril
à procura de ser

Perdida
no meio de tantos perdidos
no meio de tantos perdidos
me encontro

O que sei
só é possível na dúvida
e se perde no pó, no meio de nuvens
no silêncio dos anos que estão
por vir

Esta ausência
que mais posso ouvir
do que falar

## COM LICENÇA POÉTICA 2

Quando parti
um olho torto desses que falam nos cantos
disse: *Vai, Alexandra, ser sombra na vida*
Cargo muito ingrato pra mulher
essa espécie tão dividida

Acolho o desafio que me cabe
e não quero fugir
Tarefas miúdas que não vale contar
Bogotá onde me falta o ar
Os filhos que tento cuidar

Mas quando trancada, escrevo
Com pedras abro buracos
na parede da minha sala
escavo túneis, busco uma ponte
com outras tão perto de mim

Estar ao meio é dor demais
Já a vontade de ser
essa sina vai até minha bisavó
que no início do século XX
ousou sair à rua para pintar

A jovem atrás do cavalete
era tímida, magra, sensível
Quase não pintou
foi parada para casar
A moça atrás do cavalete e das aquarelas

Ser sombra na vida é maldição de ontem
Vai carregar bandeira!
Esta sim é a missão de todas
Mulher é múltipla. Eu sou

*para Anna Vasco*

51_

**Um olho cego está prestes a amanhecer**

**POEMA PRESO**

Poema preso é obsessão
no buraco peito
abismo entre
que se repete e repete
repete
e repele a mão que o afaga
Cavalo em disparada

Um abismo dentro é obsessão
Medo de olhar e lança
pois quando se cai
dentro
a queda funda
Quando se cai adentro
o abismo tanto

O buraco dentro
escavado a tempo
suga
cavado em torno, escavado lento

Este buraco tão parte peito

Sinto a mão que afunda entre
não mais ser
e ser vazio
para o poema que brota
não só espaço
Uma passagem torta

**DIANTE DE TANTO**

Sabe quando diante de tanto
fechamos os olhos para ver melhor?

*Olha*, diz o dia

Mas como explicar que o mundo é dentro?
Que não há luz suficiente para aplacar silêncios
que não se lida com sentimentos como quem vai à guerra
que as bordas do ser têm a firmeza de um nascer do sol?

Diante do abismo
sorrio
E se não pulo, é por descuido
não por não saber voar

**Meu olho cego amanheceu de noite**

55_

**O escuro quebrou-se**
**mas o vazio permanece intocado**

## HÁ LIVROS QUE FALAM

há livros que falam. há poemas que andam às voltas à espera de lugares e olhos 'de' assentar. e o tempo chega – e a matéria da asa se faz matéria de pousio.

há poemas que não estão prontos – isso é bom. há os que vão descobrindo na maturação o brilho oculto da prontidão. há livros que se descobrem, que se abrem, que se dão.

creio ter encontrado nas entre-janelas destas páginas uma poesia que, sem martelar, também fala de pele no quotidiano. sem fuga a vozes femininas, sem fuga à estranheza do amor e dos amores. sem fuga ao desafio interno de deixar tocar vida e poesia.

um objecto corta, entre margem de sorriso e margem de nervo, a nossa paz de ler sem sermos tocados. aqui os objectos escritos, descritos, falados, propostos – tocam. e pode doer.

como túneis dentro de fugas, o lado descolorido das fotos, os objectos atravessando o poema: "carrego a noite escondida no ventre / a morte prenha em meu corpo de batalha."

há livros que ardem, perto do como se dão a abrir; perto do que é a força do não dito. mas sem a fuga 'no' dizer "meu leito contém um espaço para facas".

creio ter gostado de encontrar nestas páginas materiais não domesticados, ainda em propensão para a liberdade. ainda em dança. na honestidade do contraditório e na contrariedade que a vida traz como moeda de face única: "agora que meu ser se afoga / pergunto se há o que escolher".

resta ler e escolher. ou ler sem escolher a dedo o que resta de 'outras' ou 'outros' (de nós) após os dias cortados pela diagonal do vento.

"diante do abismo / sorrio", diz alexandra.

ou diante do vazio, pular: há livros que falam. há poemas que andam às voltas – à espera de um certo azul para tocar. e tocam.

ONDJAKI

*para Antonia, Francisco e Marco*
*– esteio e luz –*
*meu lar onde quer que eu vá*


grata pelas muitas mãos
dadas durante esse percurso
aos amigos que me leem
e leram meu objeto cortante

em especial
à Adélia Prado e Ondjaki
sempre
pelo olhar
bordado em palavras

**ALEXANDRA MAIA** é carioca, poeta, jornalista, produtora de cinema e teatro. Seu primeiro livro de poemas *Coração na Boca* foi editado pela Sette Letras, em 1999. Publicou também *100 Anos de Poesia – Um Panorama da Poesia Brasileira no Século XX* (O Verso Edições, 2000), e participou da coletânea de poemas *Ver o Verso - em mãos* (O Verso Edições, 2000), livro do grupo de recital Ver o Verso.

2019 © Numa Editora
2019 © Alexandra Maia

COORDENAÇÃO GERAL
Numa Editora

CONSELHO EDITORIAL
Adriana Maciel
Fred Coelho
Lia Duarte
Mauro Gaspar
Marina Lima
Raïssa de Góes

EDIÇÃO
Adriana Maciel

PROJETO GRÁFICO
Dupla Design
(capa: sobre gouache
de Raïssa de Góes)

M217u
Maia, Alexandra - Um objeto cortante –
Rio de Janeiro: Numa, 2019. 120p.; 20 cm.

ISBN 978-85-67477-43-5

1. Literatura: poesia brasileira. Título.

CDD – B869.1

Este livro foi editado no Rio de Janeiro, em outubro de 2019. Foi composto com a tipografia Margem, e impresso em papel Pólen 80g, na gráfica Rotaplan Gráfica e Editora Ltda.